# GIOIELLI FUNZIONALI
# FUNCTIONAL JEWELLERY

**a cura di_edited by
Alba Cappellieri**

SilvanaEditoriale

*In copertina / Cover*
Federica Giuseffi, *Avvolgimi*, 2017
argento_silver
immagine di_picture by Filippo Verova liberamente
ispirata a_inspired by Thomas Lagrange

Silvana Editoriale

*Direzione editoriale / Direction*
Dario Cimorelli

*Art Director*
Giacomo Merli

*Coordinamento editoriale / Editorial Coordinator*
Sergio Di Stefano

*Redazione / Copy Editor*
Clelia Palmese

*Impaginazione / Layout*
Denise Castelnovo

*Coordinamento di produzione / Production Coordinator*
Antonio Micelli

*Segreteria di redazione / Editorial Assistant*
Ondina Granato

*Ufficio iconografico / Photo Editor*
Alessandra Olivari, Silvia Sala

*Ufficio stampa / Press Office*
Lidia Masolini, press@silvanaeditoriale.it

# GIOIELLI FUNZIONALI
# FUNCTIONAL JEWELLERY

Museo del Gioiello
Basilica Palladiana
Piazza dei Signori – Vicenza
23 settembre – 22 ottobre
23 September – 22 October

**ITALIAN
EXHIBITION
GROUP**
A merger of
Rimini Fiera and Fiera di Vicenza

*A cura di / Curated by*
Alba Cappellieri

*Comitato Scientifico /
Scientific Committee*
Alba Cappellieri
Elizabeth Fischer
Paola Venturelli

*Coordinamento
organizzativo_
Organizational
Coordination*
Susanna Testa

*Opere di / Works by*
Maria Enrica Barbieri
Yulara Casadei
Antoine Cousin
Marco Di Biagio
Carlotta Di Cerbo
Francesca Di Sabatino
Cristina Fava
Federica Giuseffi
Franziska Höhne
Agostina Issolio
Themba Mantshiyo
Pamela Martello
Sara Meneghelli
Rofhiwa Molaudzi
Jesús Ricardo Peiro Chucuán
Wang Qi
Katia Rabey
Kari Ramstad Fjeld
Isotta Scarpa
Marta Siccardi
Sofia Silvestri
Jian Yang

*Prototipi di / Prototypes by*
Benedetti S.r.l.
Blooblood Milano By
Rosacroce S.r.l.
Ciceri de Mondel S.r.l.
De Simone Fratelli S.r.l.
Barbara Del Curto
Elyweb Solutions
Eurocatene S.r.l.
Falcinelli Italy S.r.l.
Fancs V. by Simona Elia
Emma Francesconi
Francesca Gabrielli
Lucilla Giovanninetti
Manuganda
Margherita Burgener
Maura Biamonti -
Contemporary Jewellery
Mikky Eger, Jewellery Art
Milano
Patrizia Bonati Gioielli
di Laboratorio
MariaPia Pedeferri
Roberto Coin S.p.A.
Touscè S.r.l.

*Catalogo / Catalogue*
Silvana Editoriale

*Traduzioni / Translations*
Diane Lutkin
Way2Global - TransEdit
Group Srl

*Immagine di copertina /
Cover Image*
Filippo Verova

*Cari Amici,*
*ho il piacere di darvi il benvenuto alla nuova mostra del Museo*
*del Gioiello di Vicenza, uno spazio espositivo unico nel suo*
*genere nella straordinaria cornice della Basilica Palladiana,*
*aperto al pubblico dal dicembre 2014 grazie all'impegno di*
*Italian Exhibition Group e in collaborazione con il Comune*
*di Vicenza.*
*Il Museo ospita, nella sala dedicata alle esposizioni temporanee,*
*la mostra* Gioiello e Funzione *che ha lo scopo di valorizzare*
*una riflessione su un oggetto che, tradizionalmente considerato*
*mero ornamento, si trasforma, grazie alla creatività dei giovani*
*designer, in un oggetto utile.*
*I protagonisti sono i 22 progetti finalisti selezionati tra le*
*numerose proposte internazionali valutate dalla Giuria del Next*
*Jeneration Jewellery Talent Contest 2017, il concorso annuale*
*rivolto ai giovani designer di talento che Italian Exhibition*
*Group promuove in collaborazione con le principali scuole*
*del design del gioiello del mondo durante la manifestazione*
*VICENZAORO September.*
*Mi preme ricordare come il Next Jeneration Jewellery Talent*
*Contest sia un importante strumento di scouting nello scenario*
*orafo e gioielliero mondiale, che ogni anno valorizza la creatività*

*Dear Friends,*

*I am pleased to welcome you to the new exhibition at Vicenza's Jewellery Museum, a one-of-a-kind exhibition area located in the extraordinary setting of the Basilica Palladiana, open to the public since December 2014 thanks to the commitment of Italian Exhibition Group in collaboration with the City Council of Vicenza.*

*In the area dedicated to temporary exhibitions, the Museum is currently hosting the* Jewellery and Function *exhibition which aims to emphasize a reflection on an object which, traditionally considered as a mere ornament, can actually become a useful object, thanks to the creativity of young designers. The protagonists are the 22 projects selected among the many international proposals evaluated by the Jury of the Next Jeneration Jewellery Talent Contest 2017, the annual competition for young, talented designers that Italian Exhibition Group sponsors in collaboration with the world's top jewellery design schools during the VICENZAORO September Show.*

*I would like to point out the significance of the Next Jeneration Jewellery Talent Contest as an important scouting tool in the gold and jewellery scenario worldwide, which annually*

*dei giovani progettisti, permettendo loro di esprimersi sulle diverse accezioni del gioiello.*

*Questa iniziativa è anche un'occasione preziosa di visibilità per l'imprenditoria al femminile, grazie alla costruttiva collaborazione con le socie di WJA Italy (Women's Jewelry Association Italy) che hanno realizzato i gioielli in mostra mettendo i giovani progettisti a confronto con le possibilità ma anche con i limiti e i compromessi imposti dal mondo concreto della produzione industriale.*

*I 22 progetti in mostra esplorano le eterogenee connessioni tra il gioiello e la funzione, dando visibilità a progetti originali, frutto di esperienze personali dei designer o risultato di un'attenta osservazione dello scenario contemporaneo e rivalutando completamente la percezione del gioiello che non ha più solo un valore estetico ma diventa uno strumento, bello e ben fatto, a supporto di chi lo indossa.*

*Buona Visione.*

*Con molta cordialità*

Matteo Marzotto
*Vice Presidente Esecutivo*
*Italian Exhibition Group S.p.A.*

promotes the creativity of young designers, enabling them to express their talent on the different meanings of the jewels. This initiative is also a valuable opportunity for the visibility of women entrepreneurship, thanks to the constructive collaboration with WJA Italy's members (Women's Jewelry Association, Italy), who produced the jewellery items on display, helping young designers not only to seize the opportunities but also to face the limits and compromises imposed by the real world of industrial production.

The 22 projects on display explore the heterogeneous connections between jewellery and function, giving visibility to the original projects as the result of the designers' personal experiences or their careful observation of the contemporary world, completely reevaluating and reconsidering the perception of the jewel which is no longer of pure aesthetic value but it's becoming a beautiful and a well done "tool" at the service of the person wearing it.

Enjoy your visit!

My very best regards

Matteo Marzotto
*Executive Vice President*
*Italian Exhibition Group S.p.A.*

# Sommario_Contents

12 Gioielli funzionali:
"cose belle da guardare e da usare"

13 Functional Jewellery:
"Beautiful Things to See and Use"
*Alba Cappellieri*

26 Fornimento di cintura

27 Belt Accessories
*Paola Venturelli*

34 I gioielli sono i migliori alleati della tecnologia

35 Jewellery Is Technology's Best Friend
*Elizabeth Fischer*

42 **Progetti_Projects**
Schede a cura di_ Texts by *Susanna Testa*

# Gioielli funzionali: "cose belle da guardare e da usare"

*Alba Cappellieri*

> "Non ci deve essere un'arte staccata dalla vita:
> cose belle da guardare e cose brutte da usare."
> *Bruno Munari*

Il gioiello è tradizionalmente considerato un ornamento e una decorazione, un oggetto inutile, privo cioè di qualsiasi funzione o utilità. Un abbellimento che non risponde a nessuna utilità o funzione pratica. Tale principio è falso ed errato ed è, invece, ampiamente dimostrato – e al Museo del Gioiello lo abbiamo documentato con le selezioni della sala Funzione – di come in tutte le epoche e in tutte le culture il gioiello sia stato concepito anche come un oggetto funzionale.

Il dizionario definisce il termine "funzionale" come "qualcosa che risponde a specifiche esigenze", il gioiello è funzionale quando risponde a esigenze come conoscere l'ora, chiudere la camicia, fermare i capelli o un tessuto, sostenere il corpetto, ovvero quando la preziosità e la ricerca estetica si combinano a una specifica funzione pratica. Le funzioni del gioiello sono principalmente legate all'abbigliamento e se guardiamo al passato ci rendiamo conto dei numerosi accessori che, nati in funzione dell'abito, sono stati poi interpretati in chiave gioiello: dal bottone alla fibbia, dai gemelli alla châtelaine, dai fermagli per capelli ai pomander, i nostri avi hanno creato pregevoli opere di oreficeria per rendere preziose operazioni quotidiane quali legare i lembi del mantello e della toga o chiudere i pesanti cappotti.

# Functional Jewellery: "Beautiful Things to See and Use"

*Alba Cappellieri*

> "Art should not be detached from life:
> beautiful things to see and ugly things to use."
> *Bruno Munari*

Jewellery is traditionally thought of as ornamental and decorative, a useless item, with no function or use whatsoever. An embellishment that has no particular use or practical function. This principle is both false and wrong, since it can be amply demonstrated – and at the Museo del Gioiello we have documented it with the exhibits in the Function room – that, throughout the ages and in all cultures, jewellery was also conceived as a functional object.

The dictionary defines the word "functional" as "something that responds to specific practical needs". Jewellery is functional when it responds to needs like knowing what time it is, closing a shirt, pinning up hair or fabric, sustaining a bodice, or whenever value and aesthetic design merge into one specific practical function.

The functions of jewellery are mainly linked to clothing and, if we look into the past we can see a multitude of accessories that, when created to fit the characteristics of the clothing, were then given the aspect of jewellery: from buttons to buckles, from cuff links to châtelaines, from hair slides to pomanders, our ancestors created excellent works of goldsmith art to make precious daily operations, like fastening the edges of a cloak or toga or closing heavy coats.

Alonso Sánchez Coello, ritratto dell'infanta Isabel Clara Eugenia, 1568 i gioielli
funzionali sono parte integrante dell'abbigliamento maschile e femminile
di tutte le epoche e hanno scandito le evoluzioni del gusto.
Alonso Sánchez Coello, portrait of the infant Isabel Clara Eugenia, 1568
Functional jewellery has been an integral part of men's and women's clothing
throughout the ages and has left its mark on the evolution of taste.

Con ogni probabilità i primi gioielli funzionali sono stati i bottoni, in origine piccoli dischi applicati ai vestiti, che avevano in
origine solo una funzione estetica. Gli archeologi hanno trovato
dei rudimentali bottoni in Cina già nell'età del bronzo mentre
altri esempi (conchiglie tagliate in forma circolare o triangolare)

In all probability, the first functional jewellery items were buttons, originally small disks applied to clothes, which were initially only for aesthetic purposes. Archaeologists have found rudimentary buttons in China dating right back to the Bronze Age, while other examples (shells cut into circular or triangular shapes) have been found in the Indus river valley together with combs and seals. The latter, in particular, were adopted in numerous ancient cultures as a multi-use item: to communicate one's identity – before the written word – and as an expression of power, a work of art or an offering of devotion. The functional jewellery from ancient times included "fibulas" or brooches that held together and adorned tunics and cloaks worn by both men and women.

In Athens first and Rome later, the fibula was considered an indispensible item of fashion even among the military. Inserted at shoulder height on the upper part of the arm, it was able to elegantly "fasten" any type of dress. The name comes from the fibula leg bone, the shape of which is ideal to use as a large pin. The first fibulas date back to the Bronze Age and were commonly worn, especially in the Mediterranean area. They stopped being used around the sixth century. One could say that they were the predecessors of our safety pin, but their elegance is irreplaceable and their various forms and types are still one of the most fascinating elements in the history of accessories. Fibulas were generally made of bronze or iron, but there are also versions in gold and silver and some are decorated with precious stones. The object consists of a tongue or needle, a spring, bow and catch-plate in which the pointed end of the tongue is fastened. The oldest ones have geometric decorations while the more modern ones, dating back to the sixth century, also feature anthropomorphic figures, rosettes, birds, animals or an 'S' shape. Some of the more elaborate fibulas were decorated with filigree, gold or silver plated with precious stone or glass inserts. Although the fibula had

sono stati ritrovati nella valle dell'Indo insieme a pettini e sigilli. Questi ultimi, in particolare, venivano usati in numerose culture antiche come un oggetto multiuso: per comunicare la propria identità – prima ancora della scrittura – ma anche come espressione di potere, opera d'arte o dono votivo. Tra i gioielli funzionali dell'antichità vanno segnalate le "fibule" o spille, che trattenevano e adornavano le tuniche e i mantelli di uomini e donne. Ad Atene prima e poi a Roma la fibula era considerata un oggetto indispensabile di moda anche tra i militari. Inserita all'altezza della spalla e sulla parte superiore del braccio era in grado di "fissare" qualsiasi veste con eleganza. Il nome deriva dall'osso della gamba detto perone o appunto fibula, la cui forma si presta a un utilizzo come spillone. Le prime fibule risalgono all'età del bronzo, erano diffuse soprattutto nell'area mediterranea e il loro utilizzo cessò intorno al VI secolo. Si può dire che sia l'antenata della nostra spilla da balia ma la sua eleganza è insostituibile e nelle sue varie forme e tipologie resta uno degli elementi più affascinanti della storia dell'accessorio. Le fibule erano generalmente di bronzo o di ferro, ma ci sono delle versioni anche in oro e argento e alcune sono decorate con gemme preziose. È costituita da un ardiglione o ago, dalla molla, dall'arco e dalla staffa che fermano l'estremità appuntita dell'ardiglione. Le più antiche presentano stili di decorazione geometrici mentre in quelle più moderne, risalenti al VI secolo, si trovano anche motivi antropomorfi, a rosetta, a forma di uccello, zoomorfe o a forma di S. Alcune delle fibule più elaborate erano decorate a filigrana, placcate in oro e argento con inserti preziosi o vitrei. Nonostante a Roma la fibula avesse assunto già lo status di gioiello, questo accessorio raggiunse la sua massima diffusione con gli Etruschi: non solo per l'alta manifattura orafa di questa civiltà ma soprattutto per la libertà concessa alle donne di indossare le fibule ai banchetti mondani. Grazie a questo costume, entrato poi nelle abitudini delle matrone romane, è il mercato a stimolare gli artigiani e gli artisti orafi verso una manifattura di

Fibula zoomorfa, II-III sec., arte romana, bronzo
Zoomorphic fibula, second-third century, Roman art, bronze

already achieved the jewellery item status in Rome, this accessory reached its maximum popularity with the Etruscans, not
only due to the high quality craftsmanship of this civilization, but
above all to the freedom granted to women in wearing fibulas
at society banquets. Thanks to this custom, which then entered
into the habits of Roman gentlewomen, it was the high demand
that encouraged artisans and goldsmiths to make increasingly
more elaborate and valuable fibulas.

During the Early Middle Ages and the Renaissance period, the
brooch was an indispensible accessory for ladies, as can be seen
in the numerous portraits of the time.

It was starting in the Renaissance period that more sophisticated jewellery-making techniques began to be applied to both
precious jewellery and all the functional elements of clothing,

fibule sempre più ricercate e preziose. Durante l'alto Medioevo e nel Rinascimento la spilla è un accessorio indispensabile per le dame, come si evince dai numerosi ritratti dell'epoca.

È a partire dal Rinascimento che le più sofisticate tecniche orafe furono applicate tanto ai gioielli preziosi quanto a tutti gli elementi funzionali dell'abito trasformati in gioielli moda: guarnizioni, allacciature, asole, fettucce, fermagli, bottoni, magiette e agugielli fino alle placchette, piccoli bassorilievi in bronzo, che divennero nel Cinquecento dei sofisticati gioielli alla moda. I gioielli accompagnano l'abito e ne rappresentano un accessorio e un complemento primario. Ne è un esempio la moda delle *parure*, ovvero completi di gioielli coordinati, sia per gli uomini che per le donne e che comprendevano una collana, chiamata *carcanet*, e una lunga cintura. Ed è sempre la moda a incrementare la tendenza a ingioiellare i capelli e i cappelli, al punto che nella sua *Autobiografia* Benvenuto Cellini poneva, l'accento sulle "enseignes", le spille da cappello maschili quando afferma: "Vi era la moda per i gentiluomini di appuntare piccoli medaglioni d'oro con scene smaltate sulla falda rovesciata del cappello" che accompagnano gli ornamenti ingioiellati da testa femminili come le reti e le lenze, le berrette.

Il *pomander* o pomo d'ambra è un misterioso gioiello funzionale del Barocco francese nato come porta essenze e dispensatore di profumi. In realtà esso è di origine orientale le cui prime testimonianze risalgono all'imperatore Federico Barbarossa che, nel 1174, ricevette in dono dal re di Gerusalemme diversi pomi odorosi d'oro ripieni di muschio. Nel Medioevo era considerato un potente rimedio contro la peste per il suo profumo intenso, la capacità di rafforzare i sensi e tonificare il corpo, di confortare tutti i temperamenti, di facilitare la respirazione. Ai pomanders erano attribuite anche proprietà magiche in grado di proteggere dal male e dalle malattie. Principi e nobili, come anche preti e medici, ne facevano un largo uso, indossando pomander per

transforming them into fashion jewels. Seals, fastenings, ribbons, clips and buttons and even small plaques, tiny bronze bas-reliefs, all became sophisticated fashion jewellery in the sixteenth century. Jewellery accompanied clothing and represented an accessory and a primary complement.

One example of this fashion was the *parure*, a set of coordinated items for both men and women that included a necklace, known as a *carcanet*, and a long belt. And it was fashion again that led to the trend of bejewelling hair and hats to such a point that, in his book *Autobiography of Benvenuto Cellini*, the author highlighted "enseignes", hatpins for men's headwear, when he stated: "It was fashionable for gentlemen to stick small gold medallions displaying enamelled scenes into the upturned brim of their hats", as accompaniment to jewelled women's head ornaments, such as hairnets, fine forehead bands (*lenza*) and caps.

The *pomander* or "apple of amber", was a mysterious French Baroque functional jewellery item originally designed to carry natural essences and dispense perfume. In reality, it is an item of oriental origin, whose earliest examples date back to Emperor Frederick Barbarossa who, in 1174, received several perfumed golden apples filled with musk as a gift from the King of Jerusalem. In the Middle Ages the item was deemed to be a powerful remedy against the plague due to its intense perfume, capacity to heighten the senses, tone the body, comfort all temperaments and ease breathing. Pomanders were also attributed with magical properties able to protect people from evil and sickness. Princes and nobles, as well as priests and doctors, made large use of them, and would wear a pomander to protect themselves from contagious diseases. The pomander's popularity peaked in Baroque France when the bourgeoisie and aristocracy practiced dry toilettes for which they resorted to an ample use of perfume, since it was considered as thera-

Châtelaine, Christopher Pinchbeck, Inghilterra, 1730
Châtelaine, Christopher Pinchbeck, England, 1730

preservarsi dal contagio. Raggiunse la sua massima diffusione nella Francia barocca, quando la borghesia e l'aristocrazia praticavano una toeletta a secco che comportava un ampio ricorso ai profumi, considerati terapeutici perché in grado di penetrare il corpo e di purificarlo, oltre che di profumarlo.

Il XVII secolo, attento all'eleganza e alla cura dell'aspetto, non si lavava, ma si "cosmetizzava". La pelle, essendo porosa, veniva penetrata dal profumo che ne garantiva la depurazione interna attraverso l'eliminazione dei miasmi o della corruzione organica. In questa prospettiva, il buon odore non soddisfaceva semplicemente un piacere, ma contribuiva all'illusione di igiene. I signori che si avventuravano per le strade della città erano soliti tenere davanti al naso un fazzoletto imbevuto di essenza; quelli più ab-

peutic, able not only to make the body smell pleasant but also to penetrate and purify it.

In the seventeenth century, heedful of elegance and the physical aspect, people "cosmeticized" instead of washing. The skin, being porous, was penetrated with perfume which guaranteed internal purification by eliminating unpleasant odours caused by perishing organic materials. From this perspective, smelling good was not simply pleasurable but also contributed to the illusion of hygiene. Gentlemen who ventured out into the city streets usually held a perfume-soaked handkerchief to their noses, and the more well-off always wore their pomander.

These containers, valuable ones for the aristocrats and more affordable ones for the ordinary people, were hung around the neck or on a belt and were pear or apple-shaped, from the French term "ambre du pomme", apple of amber. They were filled with a mixture of resinous substances and the more sophisticated models had several sections for inserting different perfumes. Some even had a compartment containing a small sponge steeped in balsamic vinegar. Among the less wealthy, a nutmeg, hollowed out and filled with herbs, aromas and spices and then set in silver would often be used.

The châtelaine originated from the need to hang small items of daily use, such as keys or watches, from the belt so that they were easy to find and use. During the eighteenth century, it represented the most important item of jewellery worn by women of all social classes. In the majority of cases, it consisted of a central decorative section that hooked onto the belt, supporting a variety of elements, including a watch, seal and *étui* (small purse containing miniature tools, such as pins and a bodkin, scissors, pencil, ivory writing tablet or foldable fruit knife).

Châtelaines, enriched with numerous chains, were able to carry a large number of small accessories, like pouches, keys, pencils,

bienti indossavano sempre il loro pomander. Questi contenitori, preziosi per gli aristocratici e accessibili per il popolo, erano appesi al collo o alla cintura e avevano la forma di pera o di mela, dal francese "ambre du pomme", mela ambrata. Erano riempiti con una miscela di sostanze resinose e i modelli più sofisticati avevano più sezioni, per inserire diversi profumi e a volte un compartimento con una spugnetta imbevuta di aceto balsamico. Spesso, tra i meno abbienti, veniva usata anche una noce moscata con montatura d'argento poi svuotata e farcita di erbe, aromi e spezie.

La châtelaine nacque con la necessità di appendere alla cintura piccoli oggetti di necessità quotidiana, come chiavi o orologi, facili da trovare e da usare. Nel corso del XVIII secolo era il gioiello più importante indossato di giorno dalle donne di tutti i ceti sociali. Nella maggior parte dei casi era costituito da una sezione centrale decorativa che si agganciava alla cintura e sosteneva diversi elementi tra cui l'orologio, un sigillo e un étui (piccolo astuccio contenente strumenti in miniatura come spilloni e passanastri, forbici, matita, tavoletta per scrittura in avorio o un coltellino da frutta pieghevole). Le châtelaines, arricchite di numerose catene, erano in grado di portare moltissimi piccoli accessori come borsette, chiavi, orologi, matite, boccette di profumo, forbici, pomanders, in varie combinazioni. C'era una châtelaine per ogni esigenza per avere sempre tutto a portata di mano e per questo fu presto considerata un accessorio alla moda e prezioso, diffuso in tutta Europa, spesso data in dono come regalo di nozze da un marito alla sua sposa. Le châtelaines erano in argento, ottone, acciaio, pelle o tessuto, a seconda dello status della famiglia. Verso la fine del secolo la forma base si modificò, assumendo caratteri più delicati, e fu definita "macaroni" o "châtelaine senza aggancio": dove il supporto centrale venne sostituito da numerose catene smaltate, ciascuna con un accessorio, appese su ciascun lato della cintura. Nel corso dei secoli, la châtelaine continuò a

Pomander, XVI secolo, oro e argento, decori floreali incisi sulla superficie
Pomander, sixteenth century, gold and silver, floral decoration engraved on
the surface

perfume bottles, scissors, pomanders, in various combinations.
There was a châtelaine for every need so that everything would
always be at hand and, for this reason, it soon became a fashionable and precious accessory, found throughout Europe. It was
often given as a wedding gift from the groom to the bride.
Châtelaines were made of silver, brass, steel, leather or fabric,
depending on the status of the family.
Towards the end of the century, the basic form changed and
took on a more delicate character. It was defined as the "*macaroni*", or "châtelaine without hook", in which the central support was replaced by numerous enamelled chains, each with
one accessory, hanging on both sides of the belt.
Over the centuries, the châtelaine continued to alter in both

modificarsi, nelle forme come nei materiali, per rispondere alle mutate esigenze femminili per poi scomparire verso la metà del XIX secolo con l'avvento della borsetta e della minaudière.

Il gioiello funzionale, come si è visto, ha origini antichissime e attraversa il tempo e le geografie per rispondere alle esigenze della moda come della praticità. Fare riflettere i giovani designer internazionali su un tema così affascinante tra passato, presente e futuro è l'obiettivo di questa edizione del concorso Next Jeneration Jewellery Talent Contest e i progetti che vi presentiamo racchiudono, con soluzioni di grande interesse e innovazione, le funzioni della contemporaneità in un gioiello.

**Riferimenti bibliografici**

Michael Balfour, *Orologi: tutti i modelli che hanno fatto la storia*, De Agostini, 2008
Roland Barthes, *Sistema della moda*, Einaudi, 1970
Emma Calderini, *Acconciature antiche e moderne*, Sperling e Kupfer, 1962
Alba Cappellieri, *Gioielli alla Moda*, Corraini Editore, 2016
Alba Cappellieri, *Gioielli del Novecento - Dall'Art Nouveau al design contemporaneo in Europa e negli Stati Uniti*, Skira, 2010
Alba Cappellieri, *Il gioiello oggi: Arte, moda, design*, Electa, 2010
Edmond e Jules de Goncourt, *La donna nel XVIII secolo*, Sellerio Editore, 2010
Gillo Dorfles, *Ultime tendenze nell'arte oggi. Dall'informale al concettuale*, Feltrinelli, 1961
Margaret Flower, *Victorian Jewellery*, Courier Dover Publications, 2002
Piero Lorenzo, *Storia segreta della cintura di castità*, Pontecorboli Editore, 1989
Maria Rosaria Omaggio, *Il linguaggio dei gioielli*, Zelig, 2001
Giovanna Massobrio, Paolo Portoghesi, *Album degli anni Cinquanta*, Laterza, 1983
Peggy Ann Osborne, *About Buttons. A collector's guide*, Schiffer Publishing, 1997
Eugenia Paulicelli, *Moda e moderno. Dal Medioevo al Rinascimento*, Booklet, Milano 2006
Alessandra Possamai, *Gioielli Funzionali, in Gioiello &...*, catalogo Museo del Gioiello II edizione, Marsilio Editore, 2016
Raimonda Riccini, *Gli occhiali presi sul serio: arte, storia, scienza e tecnologia della visione*, Silvana Editoriale, 2002
Marina Robbiani, *La Spilla: metamorfosi di un oggetto*, L'Orafo Italiano editore, 1992
Valery Steele / Laird Borrelli, *Bags: a lexicon of style*, Scriptum edition, 1999
Alberto Uglietti, *Orologi da polso*, Federico Motta Editore, 2007
Leonardo Volpini, *I Gemelli da Polso*, Federico Motta Editore, 2001
Jonathan Walford, *Scarpe. Storia di una meravigliosa ossessione*, De Agostini, 2008
Claire Wilcox, *Bags*, Victoria & Albert Publishing, Londra 2008

form and material as it responded to the changing needs of women, until it finally disappeared in the mid-nineteenth century with the introduction of the handbag and minaudière. Functional jewellery, therefore, has very ancient origins and has travelled through time and lands to respond to the needs of both fashion and practicality. Encouraging young international designers to reflect on such a fascinating theme of the past, present and future is the aim of this edition of the Next Jeneration Jewellery Talent Contest, and the designs we are presenting encmpass, with highly interesting and innovative solutions, modern functions in items of jewellery.

### Bibliographical References

Michael Balfour, *Orologi: tutti i modelli che hanno fatto la storia*, De Agostini, 2008

Roland Barthes, *Sistema della moda*, Einaudi, 1970

Emma Calderini, *Acconciature antiche e moderne*, Sperling e Kupfer, 1962

Alba Cappellieri, *Gioielli alla Moda*, Corraini Editore, 2016

Alba Cappellieri, *Gioielli del Novecento - Dall'Art Nouveau al design contemporaneo in Europa e negli Stati Uniti*, Skira, 2010

Alba Cappellieri, *Il gioiello oggi: Arte, moda, design*, Electa, 2010

Edmond e Jules de Goncourt, *La donna nel XVIII secolo*, Sellerio Editore, 2010

Gillo Dorfles, *Ultime tendenze nell'arte oggi. Dall'informale al concettuale*, Feltrinelli, 1961

Margaret Flower, *Victorian Jewellery*, Courier Dover Publications, 2002

Piero Lorenzo, *Storia segreta della cintura di castità*, Pontecorboli Editore, 1989

Maria Rosaria Omaggio, *Il linguaggio dei gioielli*, Zelig, 2001

Giovanna Massobrio, Paolo Portoghesi, *Album degli anni Cinquanta*, Laterza, 1983

Peggy Ann Osborne, *About Buttons. A collector's guide*, Schiffer Publishing, 1997

Eugenia Paulicelli, *Moda e moderno. Dal Medioevo al Rinascimento*, Booklet, Milan, 2006

Alessandra Possamai, *Gioielli Funzionali, in Gioiello &...*, catalogue Museo del Gioiello II edizione, Marsilio Editore, 2016

Raimonda Riccini, *Gli occhiali presi sul serio: arte, storia, scienza e tecnologia della visione*, Silvana Editoriale, 2002

Marina Robbiani, *La Spilla: metamorfosi di un oggetto*, L'Orafo Italiano editore, 1992

Valery Steele / Laird Borrelli, *Bags: a lexicon of style*, Scriptum edition, 1999

Alberto Uglietti, *Orologi da polso*, Federico Motta Editore, 2007

Leonardo Volpini, *I Gemelli da Polso*, Federico Motta Editore, 2001

Jonathan Walford, *Scarpe. Storia di una meravigliosa ossessione*, De Agostini, 2008

Claire Wilcox, *Bags*, Victoria & Albert Publishing, London, 2008

# Fornimento di cintura

*Paola Venturelli*

La stretta correlazione tra il sistema degli ori e quello del vestiario è attestata della tipologia dei "gioielli funzionali" (bottoni, fermagli e lacci muniti di puntali metallici preziosi, ecc.). Anche la cintura rientra in questa tipologia. Questo accessorio giunge nell'abbigliamento con gli anni Quaranta del XIV secolo in parallelo al brusco cambiamento registrato nel vestiario con il passaggio dagli abiti lunghi e larghi che accomunano entrambi i sessi, a vesti corte e aderenti per gli omini, scollate e attillate per le donne e la conseguente enfasi conferita al punto vita. Nei casi più raffinati la cintura è sempre munita oltre che di scudicciolo, fibbia e puntale in metalli preziosi anche di dettagli decorativi applicati sul nastro, gemme talvolta, oppure piccoli elementi figurati. Da quanto sappiamo inoltre, sino a tutto il XVI secolo in molte aree della penisola italiana, la cintura costituiva un dono nuziale offerto dallo sposo alla sposa. Questo spiega la presenza tra i motivi del nastro o delle parti per la chiusura della raffigurazione di conigli o colombe e di profili maschili e femminili affrontati. Tramite catenelle, alla cintura potevano inoltre essere appesi anche piccoli oggetti, come l'agoraio, lo specchietto, la borsa e il borsotto, oppure anche piccoli libretti devozionali caratterizzati da legature costose e raffinate, o pendenti dalle fogge e

# Belt Accessories

*Paola Venturelli*

The close correlation between jewellery and clothing is particularly evident in the "functional jewellery" category (buttons, clasps and laces tipped by with precious metal chapes, etc.). Belts also come into this category. This accessory became part of clothing in the 1540s when the long and loose attire that both sexes used to wear suddenly changed to short and tight clothes for men and low-necked and tightly-fitting dresses for women, with the consequent enhancement of the waist.

In the most elegant cases, besides a small frame, buckle and precious metal chape, a belt always featured decorative details, often gems or miniature illustrations, applied to the strap. As far as we know, in many parts of the Italian peninsula throughout the entire XVI century, the belt was a wedding gift from the groom to the bride. This would explain why rabbits or doves and profiles of male and female heads facing each other are often found among the motifs on the strap or on parts of the buckle. Smaller items, such as needle-cases, mirrors, bags, pouches and even expensive and elegantly bound miniature prayer books or pendants, in a variety of shapes and materials, including perfumed pastes, modelled to fit into metallic containers, could be hung from the belt by a chain.

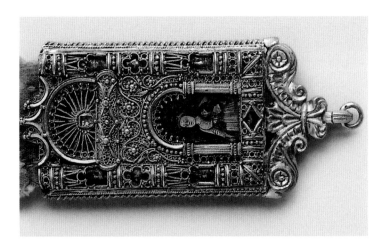

Argento gettato, cesellato, in filigrana e dorato, smalti dipinti su argento, gemme verdi, 5 x 10 cm (fibbia); 4,2 x 9,5 cm (fibbia)
Torino, Palazzo Madama, Museo Civico d'Arte Antica, inv. 273/A
Engraved cast silver, filigree and gold-plate, painted enamel on silver, green gems, 5 x 10 cm (buckle); 4.2 x 9.5 cm (buckle)
Turin, Palazzo Madama, Civic Museum of Ancient Art, inv. 273/A

materiali più diversi, inclusi paste profumate, modellate entro contenitori metallici.

Durante la seconda parte del XV secolo Milano assurge a centro specializzato nella produzione di cinture preziose, con fornimenti d'oro e d'argento e nastro in stoffa, spesso intessuto con motivi araldici: un accessorio immancabile nei ricchi corredi del tempo, inclusi quelli delle dame di casa Sforza. La città lombarda era, infatti, centro indiscusso oltre che per fabbricazione dei pregiati broccati auro-serici, anche per quella dei nielli, degli smalti e delle lavorazioni orafe a filigrana.

Uno dei casi più interessanti è costituito dalla cintura di Palazzo Madama di Torino, che ha tra le rarità anche quella di recare al tergo della fibbia il punzone, il marchio della bottega produttrice, come è noto raramente purtroppo rimasto nelle opere di oreficeria. Raffigura la "brustia" (scopetta), il marchio notificato nel 1470 da Giovanni Ambrogio Vimercati, appartenente a una famiglia di orafi molto importante, attiva anche per i duchi di casa Sforza. Il lato anteriore della fibbia così come il fronte e il retro dello scudicciolo sono realizzati con un delicato lavoro a filigrana che delinea motivi architettonici (monofore, bifore, rosoni, edicole) e ondulati racemi fioriti, mentre gemme verdi (smeraldini?) arricchiscono il centro delle raggiere. La chiusura vera e propria è creata da due volute fogliate piegate a creare una sagoma ad anello schiacciato, con l'ardiglione che emerge da due piccoli rami. Nella bifora del lato anteriore della fibbia sono inserite piccole lastrine d'argento smaltato con la raffigurazione dei busti affrontati di un giovane e di una giovane. Nella parte finale eseguita a fusione, anche nei due lati dello scudicciolo, entro una monofora troviamo invece due lastrine smaltate: una giovane di profilo incoronata e una santa anch'essa con corona, con una croce nella mano destra; completa lo scudicciolo un anellino per l'attacco della catenella destinata a reggere pendenti o altri completamenti. La filigrana utilizzata per le chiusure presenta il motivo del tral-

During the second half of the fifteenth century, Milan became the centre specialized in the production of valuable belts, with gold and silver accessories and fabric straps, often woven with heraldic motifs. They were indispensable items in the dowries of the wealthy at the time, included those of the ladies in the Sforza family. The Lombardy city was also the unchallenged centre for the manufacture of precious gold-silk brocades, and also for niellos, enamels and gold filigree work.

One of the most interesting examples of this period is a belt exhibited at Palazzo Madama in Turin, which has the stamp of the workshop that produced it on the back of the buckle, a rarity, since this unfortunately is something that almost never remains on jewellery items of this kind. It shows the "brustia" (brush), the trademark registered in 1470 by Giovanni Ambrogio Vimercati, a member of a prominent family of goldsmiths that also worked at the service of the Sforza dukes. The front side of the buckle, just like the back and front of the frame, is made of delicate filigree work that outlines architecural patterns (such as single lancet windows, twin lancet windows, rose windows and niches), and features undulating flowers clusters of green gems (emeralds?) embellishing the centre. The actual clasp is made of two leafy spirals folded into the shape of a squashed ring, with the prong emerging from two small branches. Tiny plates of enamelled silver are inserted in the twin lancet windows on the front of the buckle, displaying the busts of a young man and woman facing each other. At the end of the cast section, there are two enamelled plates in a single lancet window at both sides of the frame, one showing the profile of a young woman wearing a crown, and the other being a saint, also wearing a crown, with a cross in her right hand. A tiny ring for attaching a chain that would hold pendants or other items, completes the frame.

The filigree used for the closures (possibly change to "clasps")

cio vegetale includente un fiore, tipico dell'oreficeria del capo-
luogo lombardo, da riconoscersi nella lavorazione a giorno definita nelle fonti milanesi 'alla paresina'. Risulta attestata in voci
riguardanti cinture e cinturini rintracciabili nei corredi di dame
legate alla corte milanese tra il 1463, con il corredo di Drusiana
Sforza, in cui si registrano "fornimenti" di cinture distinti da
raffigurazioni araldiche, incluso quello con la "columbina smal-
tata" (motivo tipico dell'araldica visconteo- sforzesca) e il 1493
con l'elenco dotale di Angela Sforza Visconti, comprendendo
gli esemplari ordinati nel 1468 dal Duca Galeazzo Maria Sforza
per la moglie Bona di Savoia.

**Riferimenti bibliografici**

P. Venturelli, *I gioielli e l'abito tra Medioevo e Liberty*, in *Storia d'Italia. Annali 19,
La moda*, a cura di C.M. Belfanti, F. Giusberti, Einaudi, Torino 2003, pp. 83-116
P. Venturelli, *Esmaillée à la façon de Milan. Smalti nel Ducato di Milano da Bernabò
Visconti a Ludovico il Moro*, Marsilio, Venezia 2008
*Oro dai Visconti agli Sforza. Smalti e oreficeria nel Ducato di Milano*, a cura di P.
Venturelli, catalogo della mostra (Milano 2011-2012), Silvana Editoriale, Cinisello
Balsamo 2011

displays a plant branch motif that includes a flower, typical of jewellery produced in the Lombardy capital, referred to in Milanese filigree openwork as 'alla paresina' (Parisian). It has been recorded in accounts of belts and straps that can be traced back to the trousseaus of ladies in the Milanese court from 1463, with the trousseau of Drusiana Sforza, which was said to include belt "accessories" with heraldic depictions, including one with an "enamelled dove" (a typical motif in Visconti-Sforza heraldry), to 1493, with the dowry list of Angela Sforza Visconti, which includes items ordered in 1468 by Duke Galeazzo Maria Sforza for his wife Bona of Savoy.

**Bibliographical References**

P. Venturelli, *I gioielli e l'abito tra Medioevo e Liberty*, in *Storia d'Italia. Annali 19, La moda*, edited by C.M. Belfanti, F. Giusberti, Einaudi, Turin, 2003, pp. 83-116
P. Venturelli, *Esmaillée à la façon de Milan. Smalti nel Ducato di Milano da Bernabò Visconti a Ludovico il Moro*, Marsilio, Venice, 2008
*Oro dai Visconti agli Sforza. Smalti e oreficeria nel Ducato di Milano*, edited by P. Venturelli, exhibition catalogue (Milan 2011-2012), Silvana Editoriale, Cinisello Balsamo, 2011

# I gioielli sono i migliori alleati della tecnologia

*Elizabeth Fischer*

Dal punto di vista antropologico, abiti, accessori e gioielli hanno tutti un aspetto in comune: sono intimamente associati al corpo umano. E tutti costituiscono una sorta di propaggine funzionale o comunicativa del corpo. In tal senso, rappresentano il nostro equipaggiamento quotidiano contemporaneo[1]. Chi realizza l'equipaggiamento del corpo è chiamato ad adattare le proprie creazioni ai vincoli della vita moderna e alla condizione *supermoderna* – come nelle parole dell'antropologo Marc Augé – di una sovrabbondanza di spazio, informazioni e individualizzazione[2]. In un'epoca ossessionata dalle prestazioni, l'equipaggiamento del corpo deve saper supportare l'essere umano in tutti i suoi molteplici ruoli e attività. Tuttavia, i designer non possono esulare dall'irriducibile corpo umano, pur in quest'era in cui la modifica e il miglioramento del corpo sono ormai prassi comuni[3]. Alcuni equipaggiamenti concepiti per la vita, il lavoro e il tempo libero in ambienti supermoderni sollevano interessanti questioni di design che vanno affrontate. Un ottimo esempio sono le recenti evoluzioni nel campo dei telefoni cellulari e dei dispositivi smart. A quanto pare viene prestata poca attenzione ai cavi che collegano auricolari e cuffie ai vari apparecchi smart che le persone portano sempre con sé. Si dedica grande impegno progettuale allo sviluppo di auricolari in grado di adattarsi a orecchie di conformazione

# Jewellery Is Technology's Best Friend

*Elizabeth Fischer*

From an anthropological perspective, dress, accessories and jewellery all have one thing in common: they are intimately associated to the human body. Furthermore, all of them provide some functional or communicative extension to the body. In this way, they constitute our contemporary daily equipment[1]. Designers of body equipment are required to adapt their designs to the constraints of modern living and the *supermodern* condition – as described by anthropologist Marc Augé – of an overabundance of space, of information and of individualisation[2]. In an age obsessed with performance, body equipment is also expected to support human beings in all their multiple roles and activities. However, designers are still confronted with the irreducible human body, even in this age where modification and upgrading of the body have become commonplace[3].

Certain items of body equipment conceived for life, work and leisure in supermodern environments raise stimulating design issues that need to be addressed. The recent developments in mobile phones and smart devices provide a good example. Little design attention seems to have been lavished on the cables that link ear-buds and headsets to various smart portable appliances that people always have at hand. A lot of design goes into

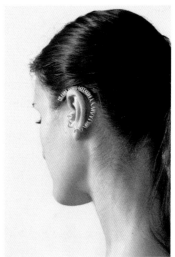

Leonor Ippolito, *Splendour of Wearability*, 2009, tappi per le orecchie, argento, argilla polimerica
Leonor Ippolito, *Splendour of Wearability*, 2009, earplug, silver, polymer clay
crediti fotografici_photo credit Arne Kaiser

diversa e dotati di svariati gradi di riduzione del rumore, mentre i cavi restano onnipresenti: sono la collana informale indossata dagli uomini e dalle donne del ventunesimo secolo.

Nell'abbigliamento sportivo, in particolare per lo snowboard, le maniche dei giubbotti integrano i cavi e prevedono una tasca specificamente riservata al telefono. Per i runner esistono fasce per le braccia o le cosce, o anche cinture, da cui pendono i cavi. I materiali tessili high-tech sono tuttora in fase di ricerca e sviluppo, quindi non trovano ancora applicazione nei prodotti di massa. Ma questo tipo di abbigliamento sportivo con tecnologia integrata è d'obbligo per chi sceglie di vivere con prodotti tecnologici d'avanguardia e desidera esibirli. Comunicare chi sono è un bisogno fondamentale tanto quanto essere in grado di svolgere l'attività che ho scelto. Le nuove tecnologie sono in

conceiving buds that adapt to different ear-shapes, with varying degrees of noise reduction. Yet the ubiquitous cables remain: they are the informal necklace worn by both men and women in the twenty-first century.

In sportswear, notably for snowboarding, the sleeves of a jacket will be designed to integrate the cables, in combination with a specific pocket for the phone. Armbands, thigh bands or belts are devised for runners, with dangling cables. High-tech textile materials integrating electronic wiring are still in the research and development phase, hence not yet applied to mass-market products. Nevertheless, this type of sportswear integrating technology is a must for people who choose to live with state-of-the art technology and wish to show it. To communicate who I am is just as much a basic need as to be able to do the activity I choose to. New technologies are generally direct responses to perceived problems. However technological innovations rarely take into account the broader questions of lifestyle and usage. Consumers are attracted by technological breakthroughs, but only tech-geeks make purchasing decisions based exclusively on innovation. Most people care first and foremost about looks and functionality, ease-of-use and "coolness". The functionality of the design has to answer both the aesthetics and practicality of the performance of self in contemporary society. The visibility of the apparatus is required for the look the consumer wants to achieve. That is why designers are resorting to the time-proven design of the necklace to find solutions that are aesthetic as well as practical for the ubiquitous cables allowing us to be permanently connected.

Bluetooth technology does away with the cables, but the ear is then completely taken over by the audio device. The models on the market are visible enough for manufacturers to sell them as a new kind of ornament[4]. Nowadays, headsets have entered the realm of fashion design as trendy accessories seen on the

genere la risposta diretta ai problemi che percepiamo. Tuttavia, le innovazioni tecnologiche tengono raramente conto di aspetti più generali come lo stile di vita e l'utilizzo. I consumatori sono attratti dalle novità tecnologiche, ma solo i veri appassionati di tecnologia prendono decisioni d'acquisto fondate esclusivamente sull'innovazione. La stragrande maggioranza delle persone bada innanzitutto all'estetica e alla funzionalità, alla facilità d'uso e all'aspetto "cool" del prodotto. La funzionalità del design deve rispondere sia all'estetica che alla praticità prestazionale di noi stessi nella società contemporanea. La visibilità dell'apparecchio serve al look che il consumatore vuole ottenere. Ecco perché i designer ricorrono alla collaudata forma della collana per trovare soluzioni al tempo stesso estetiche e pratiche agli onnipresenti cavi che ci consentono di essere sempre connessi. La tecnologia Bluetooth elimina i cavi, ma in questo caso l'orecchio viene coperto totalmente dal dispositivo audio. Esistono sul mercato modelli visibili al punto da essere venduti come nuovi ornamenti[4]. Le cuffie fanno ormai parte del mondo della moda in quanto accessori trendy, come si vede sulle passerelle e nelle comunicazioni pubblicitarie. Anche gli occhiali, entrati nella cultura del design del settore moda[5], si sono evoluti da dispositivo medico necessario ma possibilmente da nascondere ad accessorio chic da mettere in mostra.

Mentre i dispositivi auricolari usati per ascoltare musica o conversare quando si è in movimento vengono creati come accessori ben visibili, altri dispositivi per l'orecchio devono avere dimensioni minuscole per rispondere a requisiti estetici. Anzi, chi disegna e progetta apparecchi acustici fa di tutto per renderli quanto più piccoli e invisibili all'interno dell'orecchio. Queste due tipologie di prodotto destinate alla stessa parte del corpo, ossia l'orecchio, e realizzate con finalità analoghe, assumono forme diverse in funzione della differenza di contesto e scopo. Ma pongono questioni di design simili sul piano dell'ergonomia (di-

Noëlle Salguero, collezione *Portrait*, orecchini, 2017, argento 925, resina,
paillette d'oro, pirite, Formica
Noëlle Salguero, *Portrait* collection, 2017, earrings, silver 925, resin, gold
sequins, pyrite, Formica
crediti fotografici_photo credit Romain Roucoules
crediti fotografici_photo credit Pauline Stauffer

runway and in advertisements. Eyewear evolved from a medical necessity one formerly tried to hide to a chic must-have one wants to show, thanks to its inclusion in the design culture of the fashion industry[5].

While ear devices for listening to music or conducting conversations on the move are designed as very visible accessories, other devices for the ear appeal only if conceived on a minute scale. Designers and engineers of hearing aids in fact strive to make them as small and invisible as possible, so as to insert them inside the ear. These two types of products for the ear, located in the same place on the body and serving similar purposes, take on very different shapes due to the

mensioni, posizione sull'orecchio, invisibilità/visibilità…) e della vestibilità. I tentativi compiuti per lanciare apparecchi acustici vistosi e colorati non hanno avuto successo, perché nell'immaginario collettivo non si riesce a mettere in correlazione questi dispositivi medici con i gioielli o con accessori desiderabili. Gli orecchini, il nuovo accessorio must nel mondo del fashion, hanno recentemente stimolato un'infinità di soluzioni creative da parte dei designer di gioielli. Perché, dunque, non unire le forze di chi disegna gioielli e di chi progetta apparecchi acustici per concepire dispositivi che abbinino tecnologia e portabilità estetica, e per concepire forme funzionali che abbiano l'appeal attuale degli orecchini senza però cadere nella trappola delle tendenze fashion? Se i consumatori sono pronti a pensare che un apparecchio acustico non debba per forza *avere l'aspetto dell'apparecchio acustico*, allora i gioielli sono il migliore alleato della tecnologia e della funzionalità nel rispondere alle loro esigenze.

**1** Anne Farren e Andrew Hutchinson, "Cyborgs, new technology and the body: the changing nature of garments", *Fashion Theory*, v. 8, numero 4, 2004, p. 464.
**2** Marc Augé, *Non-Places : Introduction to an Anthropology of Supermodernity*, Verso, Londra 1995, pp. 35-36.
**3** Elizabeth Fischer, *Au corps du sujet*, numero 33, Ginevra 2016.
**4** L'auricolare "Jawbone" del designer Yves Béhar / Studio Fuseproject per Aliph è un esempio perfetto; si veda http://www.fuseproject.com/study-overview-1 e http://www.fuseproject.com/category-2-product-1.
**5** Graham Pullin, *Design Meets Disability*, MIT Press, 2011.

difference in context and aim. However, the design issues to be addressed are similar with regards to ergonomics (size, position on the ear, in/visibility...) and wearability. Attempts to launch big colourful hearing aids have failed, because popular perception doesn't relate these medical appliances to jewellery or desirable accessories. Earrings are the new it-accessory in the realm of fashion, and have recently given rise to a wealth of creative wearing solutions by jewellery designers. Why not pair jewellery designers with engineers to conceive hearing aids that combine technology with aesthetic wearability, to conceive functional shapes based on the new fashionableness of earrings yet eschewing the pitfalls of trendiness? If consumers are ready to consider that a hearing aid doesn't actually have to *look like a hearing aid*, jewellery is the best friend of technology and functionality to answer theirs needs.

**1** Anne Farren and Andrew Hutchinson, "Cyborgs, new technology and the body: the changing nature of garments", *Fashion Theory*, v. 8, issue 4, 2004, p. 464.
**2** Marc Augé, *Non-Places : Introduction to an Anthropology of Supermodernity*, Verso, London, 1995, pp. 35-36.
**3** Elizabeth Fischer, *Au corps du sujet*, issue 33, Genève, 2016.
**4** The "Jawbone" ear piece by designer Yves Béhar / Studio Fuseproject for Aliph is a case in point, see http://www.fuseproject.com/study-overview-1 and http://www.fuseproject.com/category-2-product-1.
**5** Graham Pullin, *Design Meets Disability*, MIT Press, 2011.

# Progetti_Projects

*Schede a cura di_Texts by*
**Susanna Testa**

# Maria Enrica Barbieri

per_for

## Fancs V. by Simona Elia

2017
*Il Bracciale Portaborsa*
bracciale_bracelet
legno verniciato, acciaio_varnished wood, steel

Fusione tra un oggetto puramente ornamentale, il bangle, e un oggetto unicamente funzionale, come il gancio da tavolo per appendere la borsa, il Bracciale Portaborsa, nel suo aspetto essenziale, si ispira alle forme e alle linee sinuose della natura, ricordando la levigatezza delle pietre di fiume smussate e arrotondate dal fluire dell'acqua.
Il bracciale è costituito da due parti unite tra loro da un perno invisibile inserito in un unico punto di giunzione; la parte superiore costituisce la base di appoggio, mentre la parte inferiore permette di sostenere la borsa.

A merger between a purely ornamental object, the bangle, and a merely functional item, such as a handbag table hook, the Bracciale Portaborsa (bag-carrying bracelet) in its essential aspect takes inspiration from the sinuous lines of nature, recalling the smoothness of river stones, levelled and rounded by the water flow.
The bracelet has two parts, joined by an invisible pin inserted in a single juncture. The upper part forms the base support, while the lower part holds the bag.

Italia_Italy

# Yulara Casadei
per_for
## Francesca Gabrielli

2017
*Twi(re)st*
pendente_ pendant
rame, gomma siliconica, cuffie auricolari
copper, silicone rubber, earphones

Per ovviare al problema degli auricolari dispersi nella borsa, Twi(re)st ne suggerisce un nuovo utilizzo, ampliandone le funzionalità. Il pendente forato permette non solo di portare in modo pratico le cuffie e averle sempre a portata di mano, ma di rendere il cavo stesso un elemento ornamentale, un decoro sempre nuovo che personalizza l'estetica complessiva del gioiello, conferendole unicità.

Aiming to solve the issue of loosing earphones in the bag, Twi(re)st suggests a new attitude towards these technological items, extending their function. This perforated pendant not only allows you to carry your earphones in a practical way so that they are always at hand, but it also turns the cable into an ornamental element, a constantly new decoration that personalizes the overall look of the jewellery piece, making it unique.

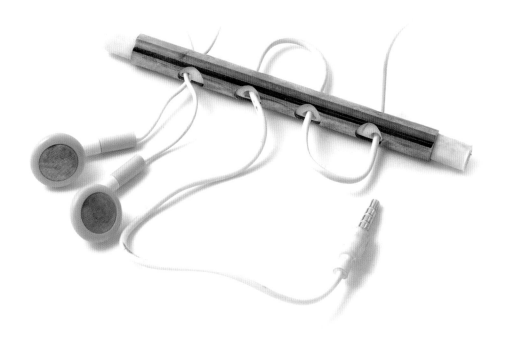

# Antoine Cousin
per_for
## Lucilla Giovanninetti

2017
*Merken*
bracciale_ bracelet
argento, gomma_ silver, rubber

Merken, il cui significato è 'ricordarsi', è un gioiello per non dimenticare.
Ispirato a MneMosyne, dea della memoria, il progetto si focalizza sul processo di memorizzazione, individuando nella gestualità un elemento cruciale che permette di creare legami tra neuroni e fissare quindi il ricordo, come disegnare una croce sulla mano o annodare un fazzoletto.

Merken, which means 'to remember', is a forget-you-not item of jewellery.
Inspired by MneMosyne, the goddess of memory, the project focuses on the memorization process, identifying gestural expressiveness as a crucial element. This dynamic in fact creates links between neurons and, in this way, fixes memories: a similar process to the one of drawing a cross on one's hand or tying a knot to a handkerchief.

# Marco Di Biagio
per_for
## Touscè S.r.l.

2017
*OMG*
anello_ ring
argento, acciaio_ silver, steel

Il progetto ironizza sulla fede nella contemporaneità, travolta dai ritmi serrati della routine quotidiana. OMG, acronimo di Oh, My God, è un anello-rosario rivisitato, la cui funzione è di rendere veloce la preghiera: la struttura rotante è composta da una montatura in cui sono alloggiate dieci sfere che rendono possibile lo scorrimento della fascia superiore. Su questa, incisioni alternate in orizzontale e verticale, con il movimento, per illusione ottica, compongono la forma della croce. Un'amara ironia su come, nella frenesia contemporanea, non si riesca a trovare tempo per dedicarsi alla pratica rituale della preghiera.

The design takes an ironic look at faith in the modern age, where the fast rhythms of daily routine are so overwhelming. OMG, the acronym for Oh My God, is a re-vamped rosary-ring, whose function is to speed up prayer. The rotating structure is made of a mount set with ten spheres that can slide along the upper band. Using an optical illusion, alternate horizontal and vertical engravings on the band compose the shape of the cross with the movement. Bitter irony on how, in the modern rat race, we cannot find the time to devote ourselves to the ritual of prayer.

Italia_Italy

# Carlotta Di Cerbo

per_for

## Maura Biamonti - Contemporary Jewellery

2017
*Transformer*
collana_ necklace
corda da barca, argento, magneti
nautical rope, silver, magnets

Un accessorio trasformabile che è in grado di adattarsi a diverse esigenze estetiche. Transformer è costituito da un'unica porzione di corda che, per mezzo di un cilindro passante, si può articolare in varie forme. Grazie alla semplicità della sua linea, lo stesso gioiello può essere indossato in modi diversi secondo l'occasione d'uso: collana e girocollo, ma anche reinterpretazione della cravatta, rappresentando così anche un accessorio in grado di rivisitare un elemento tradizionale dell'outfit maschile.

A transformable accessory that can adapt to various aesthetic requirements. Transformer consists of a single piece of nautical rope that, thanks to a cylindrical loop, can be made into different shapes. Through the simplicity of its line, the same jewellery item can be worn in several different ways depending on the occasion: necklace and choker as well as a re-interpretation of the tie. Transformer represents a versatile accessory, revamping a traditional element of men's outfit.

# Francesca Di Sabatino

in collaborazione con_in collaboration with

## Barbara Del Curto e MariaPia Pedeferri

2017
*Wearingkey*
collana_ necklace
titanio anodizzato, poliammide, metallo dorato
anodized titanium, polyamide, golden metal

Wearingkey è un oggetto utile nella vita di tutti i giorni, funzionale al gesto ricorrente di chiudere e aprire la porta di casa. Il pendente sfrutta la colorazione artistica del titanio, realizzata da MP Pedeferri, ed è stato progettato per essere adattato a diversi tipi di chiave, di varie dimensioni e impugnature. La chiave, introdotta all'interno della struttura, viene, poi, bloccata da un perno. Il gioiello porta-chiavi consente di avere la propria chiave di casa sempre a portata di mano.

Wearingkey is a useful item for daily life that aims to facilitate the recurring gesture of closing and opening the front door. The pendant features the artistic coloring of titanium, made by MP Pedeferri, and it is designed to be suitable for various types of key of different sizes and grips. When the key is inserted into the structure, it is blocked with a pin. The key-holder jewellery piece allows the wearer to always have the house key at hand.

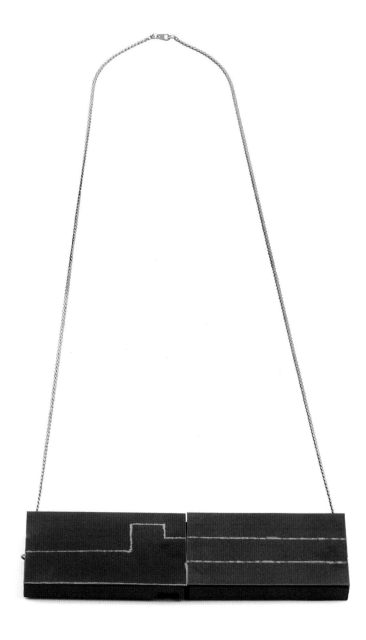

# Cristina Fava
per_for
## Emma Francesconi

2017
*Rifletti-Ti*
collana_ necklace
ottone placcato oro, specchio, lente di
ingrandimento_ gold-plated brass, mirror,
magnifying glass

Un gioiello simbolico che sposa funzionalità
e spiritualità. La lente di ingrandimento invita
l'indossatore a dare spazio alla propria interiorità;
lo specchio posizionato alle sue spalle ricorda a
tutti coloro che lo giudicheranno l'importanza di
guardare innanzi tutto a sé stessi; la catena, il legame
che tiene uniti lente e specchio, si compone di cerchi
metallici, più grandi e saldati nella parte vicina al
cuore per valorizzare l'importanza e la fragilità dello
spirito, intrecciati e di dimensioni ridotte per la parte
posteriore, come una sorta di invito a lasciarsi alle
spalle le apparenze, le esteriorità e tutto ciò che
allontana dalla reale essenza. Riflettiti, rifletti.

A symbolic piece of jewellery that merges
functionality and spirituality. The magnifying glass
invites the wearer to make room for the inner self;
the mirror is placed on the wearer's shoulders to
remind all those who judge the importance of
looking at themselves first; the chain, the link that
keeps the magnifying glass and mirror together,
is made up of various sized metal rings: large and
welded near the heart to enhance the importance
and fragility of the spirit, smaller and intertwined at
the back, acting as invitation to leave appearances
and everything that distances us from the real
essence, behind. Reflect yourself, reflect.

# Federica Giuseffi
per_for
## Falcinelli Italy S.r.l.

2017
*Avvolgimi*
anello_ ring
argento_ silver

L'unghia spezzata, sebbene sia annoverata nell'immaginario comune tra i problemi di minor rilevanza, può costituire un fastidioso temporaneo difetto estetico.
Avvolgimi è un anello che ricopre l'unghia rovinata, adattandosi facilmente alle dimensioni di qualsiasi dito grazie alla forma a spirale che lo caratterizza. La lastra con cui il gioiello è realizzato è in argento, materiale non solo facilmente modellabile, ma anche antibatterico e antinfiammatorio.

Although in the collective imagination a broken nail is a problem of little importance, it can be a bothersome, temporary aesthetic defect.
Avvolgimi is a ring that covers the ruined nail, easily adaptable to fit any finger thanks to its distinctive spiral shape. The ring is made in silver, a material that is not only easy to shape, but it is also antibacterial and anti-inflammatory.

# Franziska Höhne

2017
*Identity*
spilla_ brooch
argento, legno, ceramica dentale
silver, wood, dental ceramics

Il lavoro di Franziska Höhne mira a sensibilizzare rispetto al tema della discriminazione di genere, spinge a pensare oltre le categorie tradizionali in modo da permettere a ognuno di maturare consapevolezza riguardo la propria identità e di svilupparla in modo libero senza il condizionamento esterno. La collezione, nell'evitare il ricorso a indicatori di genere espliciti, seleziona materiali che rimandano in modo metaforico agli stereotipi sessuali: il legno è associato all'idea maschile di cacciatore, la ceramica rappresenta l'immagine femminile della casalinga paziente, mentre l'argento è neutro.

Franziska Höhne's work aims at sensitising to gender discrimination issues, urging people to think beyond traditional categories so that everyone can become aware of their own identity, developing it freely without external influences. The collection, not resorting to explicit gender indicators, has selected materials that are metaphorically reminiscent of sexual stereotypes: wood is associated to the male idea of a hunter, ceramics represents the female image of a patient housewife, while silver is neutral.

# Agostina Issolio
per_for
## Margherita Burgener |
## Ciceri de Mondel S.r.l.

2017
*Bubble Ring*
anello_ ring
TPU, alpacca rodiata_ TPU, rhodium-plated alpacca

La pulizia regolare delle mani costituisce il modo migliore per prevenire le malattie. Muovendo proprio da questa necessità quotidiana di igiene, Bubble Ring propone preziose macro-perle in silicone ricaricabili, in grado di contenere un quantitativo di gel disinfettante sufficiente per l'intera giornata. Una collezione di divertenti anelli dalle forme organiche che sembrano prendere vita nelle mani di chi li indossa.

Accurately and frequently washing our hands is the best way to prevent illness. Aiming at these daily-based hygiene requirements, Bubble Ring proposes sanitizer-carry silicone macro-pearl jewels, rechargeable and able to carry enough amount of hand sanitizer to last a whole day. The collection of amusing, organic-shaped rings seems to come to life on the wearer's hands.

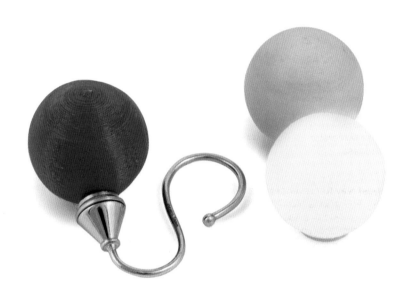

# Themba Mantshiyo

2017
*The Last Cigarette*
spilla_ brooch
argento ossidato, alpacca_ oxidised silver, alpacca

The Last Cigarette cerca di affrontare il problema di dipendenza dal fumo. Il sistema di conteggio sul gioiello permette di avere traccia del numero di sigarette fumate giornalmente aiutando chi lo indossa a prendere coscienza della propria dipendenza e a decidere di smettere di fumare. La custodia-gioiello, che può contenere solo un'unica sigaretta, crea un'esperienza sensoriale alternativa, basata sull'esplorazione del senso della vista e del tatto: i fumatori sono appagati non solo dall'atto in sé del fumare, ma amano il rituale, in particolar modo l'esperienza tattile di tenere tra le mani la sigaretta mentre fumano.

The Last Cigarette tries to face the smoking habit problem. The counting system on the brooch keeps track of the number of cigarettes smoked in a day thus helping the wearer to be more aware of the addiction and decide to quit smoking. The case-jewel, which can contain just one cigarette, creates an alternative sensorial experience based on an exploration of the senses of sight and touch: not only the act of smoking gives smokers satisfaction, it is also the ritual itself, especially the tactile experience of holding the cigarette while smoking.

# Pamela Martello
per_for
## Benedetti S.r.l.

2017
*Reflections of the Reality*
collana-occhiali_ necklace-glasses
plexiglas, plastica, vetro_ plexiglas, plastic, glass

L'uso dello smartphone ha alterato il rapporto delle persone con la realtà, filtrandola: lo schermo costringe a guardare verso il basso, invece che dritto al mondo reale circostante. Questo non solo altera il comportamento sociale delle persone, ma ne influenza anche la postura, costringendo a posizioni scomode e dannose.
Reflections of the Reality è un oggetto ibrido ispirato agli occhiali riflettenti degli scalatori e agli occhiali lazy readers per leggere libri. Facilita la lettura dello schermo dei device senza dover piegare il collo, migliorando la postura di chi lo indossa e naturalmente la sua popolarità.

Using the smartphone has changed people's relationship with reality by filtering it: the screen forces us to look down rather than straight at the surrounding world. This not only alters people's social behaviour, it also affects posture, making us hold uncomfortable and damaging positions.
Reflections of the Reality is a hybrid object inspired both by the mirrored glasses used by climbers and the lazy reader's glasses. It makes easier to read any device's screen without having to bend the neck, thus improving the wearer's posture and of course his popularity.

# Sara Meneghelli

per_for

## Patrizia Bonati Gioielli di Laboratorio

2017
*Elipso*
bracciale-ferma-foulard_ scarf-holder-bracelet
ottone placcato oro_ gold-plated brass

Linguaggio essenziale e ricchezza funzionale rendono Elipso un gioiello adattabile a più esigenze: il bracciale, indossabile in vari modi, può diventare un ferma-foulard, proposto in una chiave più adeguata alle abitudini contemporanee. Lo studio della forma ha raggiunto una maggiore versatilità grazie alle diverse sezioni di cui l'oggetto è composto.

Elipso is a jewellery piece that can adapt to several needs, thanks to its essential language and multi-functionality: the bracelet can be worn in various ways, on occasion becoming a modern scarf-holder, whose style is more suited to contemporary habits. The shape had been studied to achieve great versatility thanks to the different sections of the item.

# Rofhiwa Molaudzi

per_for

## Touscè S.r.l.

2017
*Head-Ease*
bracciale_ bracelet
argento, acciaio_ silver, steel

L'emicrania è una forma di dolore diffuso, spesso causato da diversi fattori tra cui lo stress da bombardamento per informazioni digitali. Il gioiello è stato progettato per alleviare questo fastidio attraverso un massaggio: si tratta di un bracciale dotato di sfere da comprimere sui punti di digitopressione della testa nei momenti di emicrania.

Migraine is a common painful ailment, often caused by factors linked to the stress of being bombarded by digital information. This item was designed to alleviate the problem through massage: the bracelet is fitted with spheres that press on the head acupressure points, when the wearer is suffering from a headache.

# Jesús Ricardo Peiro Chucuán

per_for

## Manuganda

2017
*Little*
anello_ ring
acciaio inox placcato oro, filo di cotone
gold-plated stainless steel, cotton thread

Little è un oggetto relazionale, dalla funzione
semplice, primitiva e universale, ispirato all'usanza
anglosassone di legarsi un laccio rosso intorno al
dito per ricordare.
L'anello è composto da una struttura metallica che
funge da sostegno e avvolge solo parzialmente
il dito, in modo da permettere al nastro di essere
a contatto con la pelle. Chi indossa il pezzo
contribuisce attivamente alla creazione del
gioiello, proprio nello stesso modo in cui è parte
fondamentale della genesi delle proprie memorie.

Little is a relational object with a simple, primitive
and universal function, inspired by the Anglo-Saxon
habit of tying a piece of red string around a finger
as a reminder.
The ring is composed of a metal structure that
acts as a support and only partially goes round the
finger, so that the ribbon is in contact with the skin.
The person wearing the piece actively contributes
to shaping it, in exactly the same way as playing a
fundamental part in creating personal memories.

# Wang Qi

2017
*Bracelet to Walk Dog*
bracciale_ bracelet
resina stampata in 3D_ 3D printed resin

Una collezione di bracciali-guinzaglio, che funziona tramite la forza esterna esercitata sulla corda, la cui lunghezza viene regolata attraverso una molla e un ingranaggio. Le diverse figure di razze canine non hanno solo una funzione estetica, ma regolano la lunghezza della corda in riferimento alla dimensione del cane e all'altezza del padrone che indossa il pezzo.

A collection of lead-bracelets that works by means of external force placed on the cord, whose length can be adjusted by a spring and a cogwheel. The various figures of different dog breeds are not there purely for aesthetic reasons, but they also adjust the length of the lead according to the size of the dog and the height of the dog-owner who is wearing it.

# Katia Rabey

2017
*The Ice Breaker*
pendente_ pendant
argento, perspex, acciaio, gomma
silver, perspex, steel, rubber

L'occhio umano, nel momento in cui intravede
un testo, si sofferma involontariamente, cattura
il contenuto e influenza le azioni che seguono. Il
progetto, sfruttando questa dinamica naturale di
lettura automatica, funge da rompi-ghiaccio tra chi
lo indossa e le persone circostanti. Il pendente,
infatti, contiene un disco interno in grado di ruotare
su se stesso e rivelare progressivamente nuovi
messaggi, configurandosi come uno strumento
per le persone più timide per incominciare una
conversazione.

When the human eye catches a glimpse of text,
it involuntarily stops, captures the content and
this affects later actions. The design, exploiting
this natural dynamic of automatic reading, acts
as an ice-breaker between the wearer and the
surrounding people. In fact, the pendant has an
internal disk that rotates to progressively reveal new
messages, taking on the form of a tool to encourage
the shyest people to engage in conversations.

# Kari Ramstad Fjeld

per_for

**Eurocatene S.r.l.**

2017
*BeeQuiet*
orecchini_ earrings
oro, tappi in silicone_ gold, silicone earplugs

BeeQuiet è una collezione di gioielli ironici, con cui si ha la possibilità di allontanarsi momentaneamente dal rumore e dallo stress. Si tratta di orecchini-tappi-per-le-orecchie, in grado di concedere momenti di silenzio e tranquillità in ogni circostanza, senza il problema di perderli perché rimangono vincolati al lobo.

BeeQuiet is an ironic jewellery collection, allowing the wearer to momentarily get away from noise and stress. It consists in earplug earrings, able to provide the wearer with moments of silence and tranquillity at any time, without the worry of losing them, since they are always attached to the earlobe.

# Isotta Scarpa

per_for

## De Simone Fratelli S.r.l.

2017
*PeelRing*
anello_ring
argento, argento dorato_silver, gold-plated silver

PeelRing ha lo scopo di aiutare chi lo indossa
a sbucciare l'arancia. L'estetica minimale e la
forma pratica suggeriscono l'azione: due anelli
componibili, che fungono rispettivamente da lama
e da custodia di protezione. I due anelli possono
essere indossati insieme, ma è possibile estrarre
all'occorrenza l'anello-lama, ruotarlo e usarlo per
sbucciare.

The aim of PeelRing is to help the wearer in peeling
an orange. The minimal aesthetics and the practical
shape suggest a specific action: two modular rings
respectively act as a knife and a protective case.
The two rings can be worn together but the blade-
ring can be extracted when needed, rotated and
used for peeling.

Italia_Italy

# Marta Siccardi

per_for

## Elyweb Solutions | Blooblood Milano By Rosacroce S.r.l.

2017
*BiBi*
anello_ ring
polistirene, resina termoplastica, lente a contatto
rigida, bronzo, galvanica oro rosa, tecnologia
bluetooth, batteria, scheda elettrica, obiettivo
fotografico_ polystyrene, thermoplastic resin,
hard contact lens, bronze, pink gold galvanic,
bluetooth technology, battery, electronic circuit
board, camera lens

BiBi, similmente ai social network, permette di
essere costantemente connessi ai profili sociali.
Grazie alle tecnologie con cui è realizzato,
l'anello consente di scattare foto e condividere
direttamente e in tempo reale le proprie esperienze,
attraverso un'interazione diretta con lo smartphone.
L'estetica dell'oggetto riprende le forme squadrate
della macchina fotografica e l'alternanza di superfici
lucide e opache richiama lo scenario urbano, dalla
lucentezza delle vetrate all'opacità dell'asfalto.

BiBi, like the social networks, allows to be
constantly connected to social profiles. Thanks to
the embedded technologies, the ring takes pictures
and shares in real time the wearer's experiences,
through a direct interaction with the smartphone.
The ring is in the squared style of a camera, while
the alternating shiny and opaque surfaces recall the
urban scene, from the brightness of store windows
to the opacity of the asphalt.

# Sofia Silvestri
per_for
## Roberto Coin S.p.A.

2017
*Silence*
orecchini-anello_ earring-ring
argento, zirconi, silicone_ silver, zircons, silicone

Silence è un progetto multifunzionale, che reinterpreta in chiave ornamentale i comuni tappi per le orecchie.
Utili quando si viaggia, si dorme o semplicemente ci si vuole estraniare dal mondo esterno, i gommini colorati, grazie alla loro struttura portante, possono essere indossati in modi diversi: come comodi gioielli da orecchio se si sfrutta la loro funzionalità pratica tradizionale di tappi isolanti, o possono essere coperti con le apposite cover in silicone e indossati alle dita come puro ornamento.

Silence is a multi-functional project that re-interprets standard earplugs with an ornamental twist.
Useful when travelling, sleeping or simply when one wants to absent him/herself from the rest of the world, these coloured plugs with their supporting structure can be worn in several ways. They can be used as comfortable ear jewellery, taking advantage of their practical and traditional function as earplugs, or covered with special silicone covers and worn on fingers, merely as an ornament.

# Jian Yang
per_for
## Mikky Eger, Jewellery Art Milano

2017
*Contact Lens Case*
collana_ necklace
argento, plastica, ciglia finte, stampa su pellicola
silver, plastic, fake eyelashes, printed film

Il progetto nasce dal problema dello spreco relativo ai consumi quotidiani. Contact Lens Case permette di portare con sé le lenti a contatto di scorta e il liquido disinfettante, ovviando a problemi d'igiene. Un oggetto comodo e pratico, il cui aspetto riflette in modo ironico e immediato la sua funzione.

The design originates from the problem of waste in daily consumption. Contact Lens Case allows the wearer to carry an extra pair of contact lenses together with the disinfecting solution, thus solving problems of hygiene. A practical and ironic item whose aspect immediately reflects its function.

Silvana Editoriale S.p.A.
via dei Lavoratori, 78
20092 Cinisello Balsamo, Milano
tel. 02 453 951 01
fax 02 453 951 51
www.silvanaeditoriale.it

Le riproduzioni, la stampa e la rilegatura
sono state eseguite in Italia
Reproductions, printing and binding in Italy
Stampato da / Printed by Modulgrafica Forlivese, Forlì
Finito di stampare nel mese di settembre 2017
Printed September 2017